Image et couverture

Cette photo est une partie de la *Fresque de l'Afrique*
de Roger Erel qui orne la façade du *Palais de l'Artisanat* (Brazzaville Congo).
Tchimpa Vita représente ici la résistance
à la présence portugaise à Mbanza-Kongo
© Benoist Saul Lhoni

Tous droits de traduction,
de reproduction, d'adaptation et
de représentation réservés pour tous pays

ISBN 978-2-3221-456-69

La tragédie
de Tchimpa Vita
ou
Les préparatifs
du bucher de Kilombo

Du même auteur

Récits
Le Troisième Jour, *Plaidoirie pro domo*, Paris, BoD, 2018.
L'exode, *Bisi Mavula*, Paris, BoD, 2018.

Contes
Guirlandes fanées *Contes du Congo Brazzaville,* Paris, Acoria, 2011.
Nouvelles guirlandes fanées *Contes et légendes du Congo Brazzaville,* Paris, BoD, 2018.

Proverbes
Le Masque des Mots *sous le toit de mon père (traduction de proverbes Kongo),* Éd. BoD, Paris juin 2018.

Histoire
Brazzaville *Cœur de la nation congolaise* 1880-1970, BoD, Paris 2018.

Essai
Georges Brassens, *les diables s'en mêlent à présent*, BoD, Paris, 2018.

Poésie
Du pays d'où nous venons, BoD, Paris mars 2018 (en collaboration avec Benoist Saul Lhoni).

Théâtre
Matricule 22, drame en 4 actes, vol. 3, Éd. BoD, Paris mai 2018.
Les princes de Mbanza-Kongo, drame en 5 tableaux, vol. 8, Éd. BoD, Paris mai 2018.
Les trois francs ou Malanda de Mbenseke, drame en 4 actes, vol. 5, Éd. BoD, Paris mai 2018.
Liberté, procès intemporel contre l'asservissement de l'Homme (noir), vol. 6, Éd. BoD, Paris mai 2018

Patrice Joseph Lhoni

La tragédie de Tchimpa Vita
ou les préparatifs du bûcher de Kilombo

Drame en treize tableaux

Mbonghi

Préface

Quel dramaturge congolais peut affirmer ne pas être un *frère en littérature* de Patrice Joseph Lhoni ? De Guy Menga à Maxime Ndébéka, en passant par Sylvain Bemba, ou Sony Labou Tansi et Dieudonné Niangouna, le théâtre de Patrice Joseph Lhoni fut un exemple de construction dramaturgique. Nous avons, tous, grandi dans les bras des textes comme *Matricule 22* et *Les Trois francs*. Ces textes nous ont accompagnés à travers diverses mises en scène professionnelles ou d'amateurs. Le *Théâtre National*, les compagnies privées, les écoles et les lycées ont puisé dans une œuvre qui anticipait notre avenir en nous plaçant au centre de notre histoire.

Le Congo, dès les années précédant les indépendances, se construit, avec des auteurs comme Tchicaya U'Tamsi, Jean Malonga, Letembet-Ambilly, Guy Menga et Patrice Joseph Lhoni, un regard tourné vers la question congolaise. C'est comme si l'espace du cri d'affirmation que lance le poète Tchicaya U'Tamsi avec ces vers,

Sale tête de Nègre,
Voici ma tête congolaise

… affichait par anticipation l'exergue d'une quête littéraire à la Congolaise. La voie d'un réalisme merveilleux était ouverte.

En effet dès les années 60, comme le précise en 1982 Guy Menga dans le numéro 3 de la revue *Culture française*, le Congo se dote donc d'un nombre assez important de troupes – qui faute de répertoire national –, elles montent, adaptent et jouent des comédies ou des farces signées Molière, Marivaux ou Courteline. Car les auteurs ne prendront en marche le train théâtral ainsi lancé qu'à partir de 1962. Maurice Battambica, Guy Menga, Patrice Joseph Lhoni et Ferdinand Mouangassa seront les premiers à prendre place dans le compartiment réservé aux auteurs alors que dans celui des comédiens voyagent en nombre important les célébrités qui donneront ses premières lettres de noblesse à ce théâtre naissant. Ils s'appellent Élisabeth M'Passi, Pascal Mayenga, Marius Yelolo, Pascal Nzonzi, Victor NT'tua Kanda, pour ne citer que les plus connus sans pour autant oublier les seconds rôles et les figurants tout aussi importants, tant il est vrai que la création théâtrale demeure avant tout une œuvre collective. Les premiers succès remportés par ces comédiens et auteurs qui font figure de pionniers vont susciter un phénomène de création extraordinaire, chez les dramaturges surtout… Je suis, à l'instar d'autres dramaturges congolais, indéniablement redevable de ces *pionniers* d'un théâtre proposant un nouvel espace commun à bâtir, à travers une relecture dramaturgique de notre histoire.

Enfant, j'étais en quête de héros congolais, d'une mythologie qui me ferait comprendre le monde dans lequel je vivais. Je ne pouvais imaginer que *mon peuple* fut sans histoire, sans réalisations majeures, sans âme et sans projets d'avenir.

Dans l'espace de diverses parcelles de résistance menée par des hommes comme André Matsoua, ou des héroïnes comme Tchimpa Vita, le Congo m'est enfin apparu. Ni les flonflons des fêtes de l'indépendance ni l'école ne me donnaient cette certitude d'avoir une histoire à moi, une histoire qui me liait à un peuple, une culture et un projet de société.

J'ai trouvé dans l'œuvre dramatique de Patrice Joseph Lhoni, tous les questionnements de notre époque. La place du pouvoir dans la Cité, le respect des peuples et de leurs cultures, la probité et le respect des valeurs universelles, le droit des peuples à disposer d'eux-mêmes. La pièce *Liberté*, qui donne la parole à des personnalités historiques et culturelles majeures du XXe siècle est une mise en abyme de l'histoire qui restituait déjà à chaque Congolais sa part d'humanité, obstruée par des siècles d'infamie.

De manière prémonitoire, à travers une analyse et une observation intelligentes, qui n'enlèvent rien à la qualité littéraire, Patrice Joseph Lhoni nous installe dans notre modernité. Cela n'est pas étonnant lorsqu'on sait quel rôle l'auteur a joué dans la mise en place d'une politique culturelle brazzavilloise et par conséquent congolaise.

Si l'œuvre de Patrice Joseph Lhoni annonce la fin d'un monde que l'irruption du colonialisme bouscule et transforme par la force, elle scelle de façon durable une interrogation sur l'avenir et la place des valeurs qui s'installent dans un rapport de force entre l'endogène et l'exogène. Une interrogation qui demeure d'actualité aujourd'hui, portée par une mondialisation galopante.

Caya Makhélé
Écrivain

Note de présentation

Si le royaume du Kongo connut, à partir du XVIe siècle, des remous intérieurs qui aboutirent à sa dislocation au XVIIIe siècle, et si des nationalistes kongolais, conscients des causes de ces remous, telle Beatrice du Kongo, de son vrai nom Tchimpa Vita, ont payé de leur vie leur révolte, il faut en imputer la responsabilité aux spéculations et aux manigances des missionnaires portugais.

Dans son édifiante étude, *Le Messianisme congolais*, Martial Sinda demande au souvenir de Tchimpa Vita de nous inviter à un voyage spirituel à travers les siècles.

Ce voyage, une fois entrepris, nous conduirait au bûcher de Kilombo où, depuis près de trois siècles, brûle encore l'ardente et l'inextinguible flamme patriotique de l'héroïne kongolaise.

Les plus grands saints qui furent sur la terre ne sont certainement pas ceux qui figurent dans les martyrologes, de même que les grands héros nationaux n'ont plus mérité de leurs patries que les plus humbles et obscurs paysans. Martyre de sa foi chrétienne, Beatrice du Kongo, fut aussi, en tant que Tchimpa Vita, victime de son nationalisme. Elle voulut une église chrétienne à l'image de son pays, et lutta pour un royaume du Kongo réellement entre les mains de ses souverains. Pour ces deux motifs, elle fut condamnée à être brûlée vive, la sentence de la peine capitale mettant plus en relief ses prétendues hérésies, mais camouflant mal la hargne des capucins portugais contre ses réelles et fermes prises de position politiques.

Tchimpa Vita fut exécutée le 2 juillet 1706, et il s'en fallut de peu — fut-ce un miracle ? – que le bébé qu'elle allaitait ne périsse pas dans les flammes du bûcher ! Car son enfant constituait aussi un des chefs d'accusation portée contre elle, comme si seules les vierges allaient au paradis ! — Ô, Marie, Sainte Vierge Mère !

Mais depuis le Concile Vatican II principalement, l'Église catholique romaine a fait beaucoup de progrès, dans le sens de s'adapter dans le temps et dans l'espace, ainsi que le voulait Beatrice du Kongo. N'est-ce pas que Vatican II a donné raison à Tchimpa Vita, même si Rome reste toujours muette à son sujet ? Mais comment comprendre ce silence de Rome qui n'ignore pas le cas de la martyre kongolaise, grâce à une abondante documentation des archives vaticanes sur l'Histoire politico-religieuse du pays de Tchimpa Vita, dès la fin du XVe siècle déjà ?

Tchimpa Vita béatifiée ? Serait-ce une ironie du sort contre le nom prédestiné, de Beatrice ?

Puisse, l'esprit de Tchimpa Vita, nous hanter toujours, et toujours nous animer et nous soutenir dans nos conflits de cultures !

Observation
Les passages placés en italique sont empruntés aux récits des historiens de l'ancien royaume de Kongo.

L'auteur.

Personnages *(dans l'ordre d'entrée en scène)*
un groupe de pèlerins (chant des pèlerins)
2 prêtres capucins (tableaux I III VI X XI)
le comte de Soyo (tableaux I, III)
le *Nsaku-lahu*, consécrateur du roi Antonio 1er (tableau II)
le roi Antonio 1er (tableau II)
la cour royale (tableau II)
5 gouverneurs de province (tableau II)
mama Mafouta (tableau IV)
2 partisans des clans rivaux (tableau V)
1 valet du comte de Soyo (tableau VI)
une assemblée de paysans (tableau VII)
le roi Pedro IV (tableau VIII, X)
la reine mère (tableau X)
1 valet du roi Pedro IV (tableau X)
Tchimpa Vita (tableaux VIII, X, XI)
4 partisans de Tchimpa Vita (tableau IX)
2 témoins (tableau XII)
3 partisans de Tchimpa Vita.

Le chant des pèlerins

(Des figurants chantent peu avant le lever de rideau, et défilent sur la scène qu'ils traversent d'un pas martial quand se lève le rideau)

> *L'héroïne nous appelle !*
> *Courons, courons vers elle !*
> *Elle a nom Tchimpa,*
> *La* Mystérieuse *!*
> *Mais aussi Vita*
> *La* Victorieuse *!*
> *Courons, courons vers elle !*
> *L'héroïne nous appelle !*
> *Courons à Kilombo*
> *Admirer son flambeau !*

Tableau I

Deux prêtres portugais, confortablement assis dans des fauteuils, en train de se faire servir de la bière, s'entretiennent sur l'avenir du royaume de Kongo, après la mort du roi Garcia II.

Le premier prêtre *(au garçon de service)*. — Dépêche-toi de nous servir, et… fiche-nous la paix ! Ce que nous allons dire ici n'a aucun intérêt pour un fils d'esclave ; allez, oust ! …

Le garçon sert et sort.

— Alors, mon père, quelle est votre opinion sur l'avenir de ce royaume, après la mort de Garcia II ?

Le deuxième prêtre. — Ma foi, les obsèques du souverain viennent à peine de s'achever, et des rivalités entre les deux maisons princières éclatent. Il faut craindre que cette course au trône n'aille pas sans provoquer une crise et une guerre civile.

Le premier prêtre. — C'est également mon point de vue, d'autant plus que Garcia II était un grand roi, un monarque souple et un diplomate avisé qui ne nous a jamais marchandé toute demande de concession en notre faveur, tel ce traité de 1649, par lequel il a cédé à la couronne du Portugal la fabuleuse *île aux nzibou* avec toutes ses montagnes qui contiennent de riches mines d'argent.

Le deuxième prêtre. — Oui, cette cession n'a sans doute pas été faite de gaieté de cœur, mais craignant de mécontenter le roi du Portugal, d'une part, de provoquer la colère de Sa Sainteté le pape, d'autre part, Garcia était bien obligé d'agir de la sorte. Mais maintenant qu'il n'est plus là, ne faut-il pas craindre justement que son successeur ne remette cette cession en cause ?

Le premier prêtre. — Tout est à craindre, justement, au cas où ce successeur sortirait du rang des nationalistes, ces conservateurs dont la politique a toujours été hostile à notre influence. Alors, pour éviter tout ce qui serait de nature à perturber les rapports qui, jusqu'à présent, ont été excellents, et ce à notre profit, entre, le Kongo, le Saint-Siège et le Portugal, il nous faut prêter notre concours éclairé aux grands électeurs dans la compétition qui va opposer les princes de Mbanza-Kongo, reconnus pour des frères sérieusement rivaux : nous soutiendrons le plus souple à manier.

Le deuxième prêtre. — Celui qui serait le plus souple à manier ou celui qui serait le plus souple à notre dévotion, vous voulez dire ?

Le premier prêtre. — Si vous préférez.

Arrive, le comte de Soyo. Et les deux prêtres se lèvent, lui font une courbette.

Le deuxième prêtre. — Quelle agréable surprise ! Le comte de Soyo, dans nos murs ?

Le comte de Soyo. — Vous auriez dû vous en douter, avec ce qui est arrivé, et avec ce qui se prépare pour la succession au trône de Garcia II. Compte donc tenu de tout cela, je me devais de passer vous voir, avant de m'en retourner dans ma province. Mais, à dire vrai, je profite de cette occasion pour vous demander de suivre attentivement le déroulement des évènements relatifs au choix du successeur de Garcia II, et, le cas échéant, d'user de votre influence afin d'orienter ce choix. Car la lutte sera serrée, chaque branche de la maison royale ayant son prétendant au trône. Mais vous connaissez trop la règle du jeu pour vous en dire plus.

Les deux prêtres. — C'est tout entendu.

Le comte. — Et vous connaissez aussi ma position. Je suis un grand électeur et un gouverneur d'une province, dont la situation géographique constitue une porte grande ouverte sur l'océan, et donc sur l'occident, je ferai tout ce qui est en mon pouvoir pour faire basculer le vote en faveur d'un prince, qui me soit favorable, d'où qu'il vienne. Évidemment, cette fois-ci, Antonio 1er a toutes les chances de l'emporter sur les autres candidats. Personnellement, je ne compliquerai pas son élection. Aucune intrigue donc, me réservant le droit de juger sa politique par la suite.

Le premier prêtre. — Mais avec l'élection d'Antonio 1er, le pouvoir passerait d'une branche royale à l'autre, et, de ce fait, tomberait entre les mains des conservateurs. Est-ce un gage pour nous ?

Le comte. — Peu importe ! Ma façon de voir

actuellement les choses est toute différente de celle d'il y a quelque temps : pourquoi vouloir toujours maintenir une vieille tradition selon laquelle le pouvoir doit être forcément héréditaire, laquelle tradition s'avère caduque chaque jour davantage, au regard des changements profonds intervenus dans le pays, et grâce à votre présence ? Mon principe actuel : à nouvel esprit, nouvelle conception !

Les deux prêtres. — C'est l'évidence même !

Le comte. — Du reste, si Antonio 1er suit, dans ces grandes lignes, la politique de Garcia II, je ne vois pas pourquoi vous ne stimuleriez pas son avènement. Cependant, il y a un *: mais*. S'il se montre trop conservateur et trop rigide, alors *à bon entendeur...*

Le comte sort, et les deux prêtres le saluent par une courbette.

Tableau II

Consécration d'Antonio — Serment d'allégeance des gouverneurs de provinces.

Nsaku-Lahu. — Majesté ! Les grands électeurs viennent de légitimer ton accession au trône de Mbanza-Kongo. Le royaume entier se réjouit de leur vote positif. Depuis trois jours, les tam-tams qui battent leur plein et les gongs qui tintent ici et là traduisent bien les sentiments d'un peuple en liesse qui salue et fête son nouveau souverain : le roi est mort ! Vive le roi ! Mais votre vieille tradition exige, Sa Majesté le sait, que la légitimation du pouvoir temporel soit soumise à la sanction du dépositaire spirituel de la volonté des ancêtres. Je prends donc solennellement acte du choix des grands électeurs.

Voici la peau de panthère, expression de ta toute-puissance ; elle sera dans ta demeure, et en toutes occasions, le support de tes pieds et celui de ton trône.

Voici les bracelets de fer, signe de ton autorité et de ton alliance avec les mânes.

Voici le couvre-chef orné de dents de léopard, symbole de ton invulnérabilité.

Voici la canne royale, le sceptre, reflet de ta dignité.

Voici le couteau de combat, œuvre de Ngangula, le forgeron, et qui fait de toi le maître des armées.

Le Nsaku-Lahu continue, joignant la démonstration à la parole.

— Pilier du royaume, tu incarnes désormais, tout à la fois, les quatre éléments vitaux : voici l'eau, source de vie à la vertu purificatrice.

Voici le feu, source d'énergie, d'ardeur et d'amour de justice.

Voici la lumière, symbole de vérité.

Voici la terre, notre mère nourricière.

Dépositaire de la sagesse ancestrale, tu te trouves ainsi placé à la croisée des quatre directions cardinales, le lien entre les vivants et les morts :

Le levant, la vie naissante, innocente et pure ; l'éclosion de toutes les espérances : il appartient aux princes de les réaliser.

Le septentrion, la voie à suivre : un roi doit savoir marcher droit.

Le midi, foyer des forces déchaînées, mais, le roi doit y tremper son caractère, au contact des puissances antagonistes.

Le couchant, le temps propice au dialogue intérieur des rois. Roi, confonds-toi avec l'univers.

Le Nsaku invite le roi à se coucher par terre, de tout son long, la face contre terre. Il répand sur lui légèrement une poudre symbolisant la poussière de terre.

— Sois maître du sol des ancêtres et de tout ce qui y germe. Sois aussi maître des sylves, des cimes et des ondes !

Le Nsaku invite le roi à se relever.

— Que Sa Majesté veuille bien se relever ! Et maintenant, sois fort à gouverner. Sois ferme dans toutes tes décisions. Punis quand tu ne peux agir autrement. Mais pardonne plus souvent si tu estimes que ta clémence est plus salutaire pour le royaume que pour toi-même.

Majesté, mon rôle s'arrête ici, cédant la place aux gouverneurs des provinces pour leur serment d'allégeance.

Le Nsaku les appelle les uns après les autres, mais le comte de Soyo est absent :

Mi-Nsundi *(il se présente, s'accroupit, bat des mains)*. — Toute la province de Nsundi, par ma voix, jure fidélité à son roi, afin que soient préservées à jamais son autorité et l'intégrité du royaume !

Acclamations de l'assistance : tam-tams et gongs. Il en est de même des comtes de Mpangu, Mbata, Mpemba, Mbamba, Mi-Mpangu !... Etc. Sauf du comte de Soyo, absent.

Le roi. — Veuillent les mânes de Kongo, agréer vos serments, car le royaume, victime des intrigues de toutes sortes, a besoin d'unité et de paix. Mais je ne comprends pas que le comte de Soyo ne soit pas de la fête. À quoi faut-il attribuer son absence ? Serait-il, à ce point, gagné par l'influence étrangère ? Évidemment, la position géographique de la province de Soyo tentera toujours son gouverneur, de vouloir prendre ses distances vis-à-vis de l'autorité centrale de Mbanza-Kongo. Mais qu'à cela ne tienne ! Si les capucins portugais ont cru trouver un roi à leur dévotion chez son prédécesseur, il n'en sera pas de même avec Antonio. Souverain d'un royaume trois fois plus étendu que le Portugal, je ne puis tolérer que les Portugais y dictent la loi ! Rappelez-vous le scandale du traité par lequel Garcia II a cédé à la couronne du Portugal l'île aux *coquillages-monnaie*, et dont les montagnes contiennent des mines d'argent ! Quelle ruine pour le royaume ! Je sais que Garcia II signa ce traité sous des pressions de tous ordres et, de toute évidence, il est nul et non avenu à mes yeux.

Acclamations : tam-tams et gongs.

— D'autre part, je m'emploierai à limiter au maximum l'influence des étrangers dont les ingérences dans la politique du pays sapent l'autorité royale et menacent l'unité kongolaise. J'agirai donc énergiquement et vite, car les nouvelles qui viennent de la province de Mbamba ne sont nullement rassurantes : les intrigues portugaises ont réussi à provoquer une révolte chez les Téké qui se sont ralliés aux Yaka qui se soulèvent maintenant contre le pouvoir établi à Mbanza-Kongo ! Qu'ai-je à faire d'autres de plus, pressés, que d'aller en guerre contre les insurgés et leurs complices ? Pour inaugurer mon règne, voilà mes étrennes ! Alors, dussé-je périr, il faut que l'histoire parle du champ de bataille d'Ambouilla ! J'ai dit !

Acclamations : tam-tams et gongs.

Tableau III

Les deux prêtres chez le comte de Soyo. Ils arrivent au même moment où il finit de s'entretenir avec son conseiller.

Le comte. — Ne perdons pas de temps, car... *(entrent les deux prêtres portugais)*. Ah ! Je m'attendais à votre visite d'un instant à l'autre, car il est maintenant établi qu'Antonio est tout le contraire de Garcia II, et qu'il va mener une politique diamétralement opposée à son prédécesseur ! Mais au détriment de qui ? Vous le savez aussi bien que moi.

Le premier prêtre. — C'est clair et net. Antonio ne nous cache pas son hostilité, et dès ses premières déclarations, il dénonce le traité de 1649 qu'il décrète nul, bien que l'acte soit en bonne et due forme. Voilà nos intérêts menacés !

Le deuxième prêtre. — Il y a pire : Antonio

entend limiter, amoindrir et peut-être éliminer totalement l'influence portugaise dans le royaume. Dans cette triste perspective, nous souhaitons nous assurer de vos intentions...

Le comte. — Mes intentions ! Mes intentions ! Comme si vous me connaissiez de ce matin ! Mon absence à Mbanza-Kongo, lors du sacre d'Antonio, n'est pas assez éloquente ? Antonio s'en est d'ailleurs troublé à juste titre, ce qui l'a amené à critiquer vivement mon attitude à son égard. Je lui ai tendu un piège, il y est tombé, et d'ores et déjà j'ai entamé une campagne en sourdine en faveur d'un autre souverain, mais moderniste.

Les deux prêtres. — Comptez sur notre ferme appui.

Le comte. — Oui, vous comprenez que tout seul, je ne puis rien. Pour réussir ce que nous voulons, la tactique doit consister à raviver la vieille querelle qui a toujours opposé les deux branches royales.

Le premier prêtre. — Plutôt que d'aviver cette vieille querelle, employons-nous, à semer la confusion dans les esprits, et provoquer une guerre civile certaine, en jetant dans la course au pouvoir une troisième candidature !

Le deuxième prêtre. — Un troisième larron, autrement dit, susceptible de garantir nos intérêts, et sauvegarderait la foi chrétienne des Kongolais !

Le comte. — Je serais de cet avis si Antonio était sans autorité et sans popularité. Mieux qu'un troisième larron que contesterait, à coup sûr, le peuple en majorité favorable à Antonio, il faut chercher, par tous les moyens, à l'éliminer physiquement.

Le premier prêtre. — Dans ce cas, je crois avoir trouvé l'un de ces moyens dans la révolte des Yaka dans le sud-est du royaume.

Le deuxième prêtre. — Voilà une bonne occasion à ne pas manquer !

Le comte. — À la bonne heure ! Et Antonio est allé en guerre contre les insurgés, comme il les appelle ! Soutenons donc ceux-ci pour le combattre à travers eux. J'ai assez d'armes et de moyens financiers qui me permettent de recruter une forte armée et de soutenir une longue campagne.

Le premier prêtre. — Mais non sans le concours de Ngola !

Le deuxième prêtre. — Oui, le mouvement partirait du nord de l'Angola pour se concentrer dans la région du Wembo, porte ouverte sur la province de Mbamba, côté sud d'Ambouilla où se dérouleraient les combats actuellement.

Le comte. — Il faut également songer à occuper tout le cours de la rivière Amris jusqu'à l'extrémité de la Lukunga, son affluent, côté nord d'Ambouilla, et voilà Antonio pris comme dans un étau ! Et l'histoire dira ce qu'elle voudra dire de la bataille d'Ambouilla, de l'an 1665.

Tableau IV

La complainte prophétique de la vieille, mâma Mafouta.

Mâma Mafouta. — Non, Antonio ne reviendra pas d'Ambouilla ! Il est trop énergique, trop catégorique, trop autoritaire, trop populaire, trop jaloux de l'indépendance du royaume pour ne pas inquiéter les spéculateurs portugais, à la recherche d'un roitelet à leur dévotion ! Dès sa montée au trône, Antonio leur a dit : le roi de Kongo, c'est moi ! L'étranger perturbateur de l'ordre de l'unité du royaume sera chassé ! La cupidité éhontée et effrénée de la horde des intrigants est insensée et intolérable. Antonio a parlé comme cela. Alors, la peur, une peur panique, s'est emparée de tous ceux qui ne sont pas Kongolais de naissance et de tous les Kongolais traîtres. Les uns et les autres vont maintenant liguer leurs forces contre Antonio, le symbole même de la liberté du peuple. Malheurs aux conspirateurs ! Malheurs ! Malheurs ! Mais ce sont les prêcheurs de la religion chrétienne qui répondront du chaos où va sombrer le royaume. Gare ! Dieu châtiera sans pitié, oui, le Dieu de nos ancêtres courroucés et indignés ! Peuple, debout ! Combats sous la bannière de la liberté, de l'indépendance, de l'unité et de l'intégrité du royaume ! Faute de quoi ! Kongo divisé par la guerre civile, sera de plus en plus méconnaissable. Ses fils se battant entre eux, ce sont les étrangers qui profiteront du désordre !

Peuple, debout ! Supplie les mânes de confondre les coupables. Adjure-les au nom de ton roi. Alors, le soleil se lèvera et brillera sur un Kongo souverain !

Tableau V

Deux partisans des clans rivaux.

L'un des partisans. — La disparition accidentelle et soudaine d'Antonio va poser avec plus d'acuité que jamais le problème de la succession au trône !

L'autre partisan. — Et pourquoi donc ? Alvaro VII n'est pas tout indiqué ?

L'un des partisans. — Il n'a pas la trempe d'Antonio.

L'autre partisan. — Ouais ! Lorsqu'on veut contester la candidature d'un adversaire, tous les arguments sont bons, même les moins fondés ! Mais dans le cas d'Alvaro, si vous ne lui faites pas un procès d'intention, je serais de votre avis dans la mesure où il ne pourrait pas résister à l'influence et aux manigances portugaises.

L'un des partisans. — Qu'appelez-vous *manigances*

portugaises ? N'est-ce pas grâce à la découverte de Kongo par les Portugais que le royaume a changé de visage ?

L'autre partisan. — Sans aucun doute, si vous entendez par là, que le royaume a été défiguré !

L'un des partisans. — Je crois plutôt le contraire, car nous vivons maintenant en plein progrès. La vieille tradition nous figeait dans l'immobilisme, tandis que la présence étrangère dans le pays est venue tout balancer !

L'autre partisan. — Au profit de qui ? Quand j'ouvre les yeux autour de moi, je ne vois qu'un désordre aux confins du chaos : voilà l'œuvre, par exemple, de vos missionnaires, qui ne se contentent pas d'évangéliser le peuple, mais pratiquent (ô paradoxe !) le commerce inhumain et abominable, de la traite, et s'ingèrent dans les affaires du royaume et le successeur d'Antonio les intéresse au plus haut point ! Pour eux comme pour le comte de Soyo, c'est Alvaro VII qu'il faut ! Et pour cause ! Son naturel le disposerait à leur être plus favorable. Antonio s'est révélé très tôt intransigeant, et il n'a pas caché ses vues conservatrices. Cela a causé son malheur et sa perte ! Or, il s'agit maintenant que les rois de Kongo se modernisent et s'adaptent aux temps nouveaux que nous vivons.

L'autre partisan. — Tenir à rester dans le cadre de ses droits légitimes ne signifie pas mépriser le progrès. Antonio était nationaliste, et ne pouvait que s'opposer aux étrangers qui voulaient aliéner son autorité, l'indépendance du royaume et la liberté du peuple kongolais. On ne peut qu'être d'accord avec lui, à moins d'être un traître.

L'un des partisans. — Le cas d'Antonio est peut-être une exception, mais de quel droit divin une famille régnera-t-elle seule éternellement ? Dans le cas d'Alvaro VII, s'il n'est pas digne ou capable de succéder à Antonio, il est tout à fait normal, et ce pour l'intérêt du peuple, que la couronne saute d'une tête à l'autre, je veux parler d'une branche royale à l'autre.

L'autre partisan. — Défendez-vous là un point de vue du progrès ou voulez-vous condamner le droit de légitimité ?

L'un des partisans. — Oh ! Pour ce qui est des princes de Mbanza-Kongo, les uns n'ont pas plus de droit que les autres d'accéder au trône : ils appartiennent à deux maisons issues d'un ancêtre commun, fondateur de leur dynastie.

L'autre partisan. — Cela, tout le monde le sait, et ce que tout le monde sait aussi, c'est que, conformément à une tradition séculaire, seuls les princes de la lignée maternelle doivent régner.

L'un des partisans. — Autres temps, autres mœurs, mon ami ! Sinon, combien de temps, cela va-t-il encore durer, dans le contexte précisément des changements intervenus dans le pays ?

L'autre partisan. — La guerre civile provoquée et soutenue par vos Portugais décidera !

Tableau VI

Les deux prêtres portugais, le comte de Soyo et un rapporteur, son vassal.

Le comte. — Ainsi donc, Ambouilla fera date dans l'histoire du royaume ! Nos vaillantes armées l'ont emporté sur celles d'Antonio qui va payer de sa tête sa défaite ! Voici ouverte de nouveau la vacance du trône !

Le premier prêtre. — Il n'y a pas vacance totale, car Don Pedro III, alias Nzimba-Ntoumba, vient de se proclamer roi de Lemba, à Boula-kongo.

L'autre prêtre. — Et qui plus est, il marche sur Mbanza-Kongo, à la tête d'une forte armée.

Le comte. — Encore un aventurier ! Mais...

Irruption du rapporteur, tout essoufflé.

Le rapporteur. — Veuillez m'excuser de vous interrompre, mais la situation est critique à Mbanza-

Kongo. La guerre y fait rage. Nzimba-Ntoumba a pris d'assaut la capitale, et l'a livrée aux flammes ! La débâcle est totale : hommes, femmes, enfants, vieillards, tout le monde, enfin, fuit de tous côtés, abandonnant tout. Et la ville transformée en brasier. Nos alliés portugais même sont pris dans la tourmente générale et prennent la clé des champs, sans demander leur reste ! Le roi d'Alvaro ne doit son salut qu'à sa fuite de l'autre côté d'Ambris où il s'est réfugié. Les rumeurs circulent que : Nzimba-Ntoumba…

Le comte. — Assez !

Silence… le comte interroge des yeux les deux prêtres tour à tour…

– Alors ?

Le premier prêtre. —Voici venu le moment, me semble-t-il, de revenir sur notre proposition d'une troisième candidature au trône.

Le deuxième prêtre. — Pedro IV !

Le comte. — Qui ?

Les deux prêtres. — Pedro IV !

Tableau VII

Une assemblée de paysans. Quelqu'un raconte un événement.

Le raconteur. — Vous savez la nouvelle ?

Les paysans. — Non !

Le raconteur. — Je vais vous la dire. Il s'agit d'une jeune femme qui fait beaucoup parler d'elle en ce moment, surtout en milieu portugais, et plus particulièrement chez les prêtres-capucins. Pourtant elle n'est âgée que de vingt-deux ans, mais elle inquiète les étrangers. À cause de son rang social élevé *(elle est née d'une grande famille kongolaise)*, elle porte un nom à particule, comme il est de tradition dans la bourgeoisie lusitanienne : Dona ! Mais, peu habitués au langage portugais, la plupart des Kongolais déforment cette particule, et au lieu de Dona, ils disent Ndôna ! Elle porte aussi un prénom : Béatrice. Cela fait Dona Beatrice, et on ajoute : du Kongo ! Dona Beatrice du Kongo !

Mais à cause de son rang social élevé, ses deux vrais noms kongolais sont peu connus : Tchimpa Vita. Les uns disent Tchimpa, tandis que les autres prononcent Kimpa. Tout le monde n'est d'accord que sur son deuxième nom : Vita.

Mais voici mon histoire : Dona Béatrice du Kongo Tchimpa Vita a la *taille élancée et les traits fins. Elle est toujours de vert, vêtue, portant fièrement sur sa tête une couronne de fibre de raphia, insigne de la liberté* et de l'indépendance. *Elle parle avec gravité, en pesant tous ses mots.*

Convenez avec moi que tout cela n'est rien et ne relève que de l'ordre du commun des mortels. Dona Beatrice du Kongo Tchimpa Vita est prodigieuse : elle fait des miracles, guérit des malades ; *les gens se disputent même les restes de sa nourriture ; la boisson qu'elle donne de sa main se transforme en un remède qui guérit et protège des maléfices ; les arbres courbés se redressent sur son passage*, etc., etc., etc. !

Les paysans sont vivement intéressés par le récit.

Un des paysans. — Puis-je croire mes oreilles ?

Un autre paysan. — Moi ? Si ! Car la jeune femme en question porte déjà deux noms significatifs, si peu communs que j'y vois la marque d'une prédestination : Tchimpa, c'est la grande énigme, ou un caractère énigmatique ; on ne peut donc pas comprendre qu'elle fait des prodiges ni d'où lui viennent cette capacité, cette faculté, cette puissance ! Vita, c'est l'embûche ou le piège, c'est le silence du sphinx dont on ne peut pénétrer le mystère ! Ainsi donc, les deux noms réunis se complètent harmonieusement, l'un expliquant ou renforçant le sens de l'autre !

Un troisième paysan. — Mais, existe-t-il dans tout le royaume quelqu'un qui porterait déjà un nom pareil ?

Un quatrième paysan. — C'est extraordinaire !

Le raconteur. — Oui, Dona Béatrice du Kongo Tchimpa Vita est prédestinée. Malgré son jeune âge, et toute femme qu'elle soit, elle réalise ce qu'aucun homme n'a accompli. Mais, loin de se laisser éblouir par ses qualités occultes, et loin d'en tirer vanité, cette jeune femme étonne plus encore par sa simplicité et, descendant des hauteurs de sa grandeur morale, elle est très sensible à la misère de notre peuple, au sort misérable des pauvres, de nous ! Et elle plaint son roi qui est à la merci des intrigues étrangères !
Alors voilà Dona Beatrice du Kongo Tchimpa

Vita qui passe à l'action ! Afin de confondre les missionnaires, de stigmatiser la traite des Nègres, de restaurer le royaume, de raffermir l'autorité royale, de rétablir la liberté du peuple, elle vient de déclencher un vaste mouvement pour notre indépendance totale. Les adhésions populaires sont massives.

Alors, Dona Beatrice du Kongo, Tchimpa Vita, a rompu avec le silence et l'anonymat : elle vient de faire une fracassante entrée triomphale à Mbanza-Kongo que nos rois tristement rivaux ont déserté pour se réfugier soit sur le mont Kibangou, soit à Kongo-dia-Lemba ! La présence de Dona Béatrice du Kongo Tchimpa Vita dans la capitale abandonnée a redonné sa confiance au peuple. La ville se reconstruit et se transforme à vue d'œil. Elle se repeuple rapidement, parce que les uns y vont pour vénérer l'héroïne, d'autres pour voir la patrie renouvelée, certains pour saluer des amis, d'autres amenés par le désir de récupérer miraculeusement la santé. De cette façon, Dona Béatrice du Kongo Tchimpa Vita est acclamée, estimée et adorée par tous.

Les paysans. — Vive ! Vive Dona Béatrice du Kongo Tchimpa Vita ! Allons tous à Mbanza-Kongo assister au miracle de la renaissance du royaume !

Tableau VIII

Le roi Pedro IV, la reine mère, Tchimpa-Vita et un valet qui annonce celle-ci au roi.

Le valet *(sur un ton déclamatoire)*. — Salut, mon Seigneur ! Les mânes préservent ta santé ! On dit que les jours se suivent, mais ne se ressemblent pas ; c'est vrai ! En tout état de cause, celui-ci n'est pas comme les autres. J'ai fait un songe, la nuit dernière : mon roi recevait une personnalité exceptionnelle de par sa nature et de par sa réputation. J'ai nommé celle au nom de qui retentit tout le royaume, celle qui fait trembler tous les étrangers, celle enfin qui s'est offerte inconditionnellement au pays pour aider son roi à régner selon nos mœurs, et pour éveiller la conscience nationale dans le cœur des Kongolais. Elle est sur le pas de la porte du palais, et m'a prié de demander à mon roi de lui faire l'honneur de la recevoir !

Le roi. — Tchimpa-Vita ?

Le valet. — Elle-même, comme tu dis, seigneur ; elle-même, en personne, en chair et en os !

Le roi. — Sans plus tarder, faites-la entrer !

Au valet qui fait la courbette et s'apprête à partir.

— Au passage, dis à la reine mère de venir nous assister ! ...

Il parle seul.

— Le royaume est dans un bouleversement tel que j'accorderais volontiers audience même au démon qui viendrait me proposer une solution pour sortir de l'impasse où je me trouve ! Je suis dépassé par les évènements. Pour un seul trône, nous sommes un, deux, trois rois, sinon davantage ! Nous livrons des combats fratricides autour de cet unique trône au pied duquel le pouvoir est devenu chancelant ! La cour en conseillers abonde, mais des étrangers pour la plupart, et leurs conseils sont intéressés ! Et je suis jeune ! Et je suis sans expérience ! Mais cette jeune femme qui s'annonce et qui sensibilise l'opinion kongolaise, que me veut-elle ?

Le roi qui parlait tout en marchant de long en large va s'asseoir quand la reine mère arrive.

La reine mère. — Le roi m'a fait venir ?

Le roi *(l'invitant de la main à s'asseoir sur un siège)*. — Oui, reine mère, je reçois sur sa demande, Tchimpa Vita, appelée aussi Béatrice du Kongo.

La reine mère. — Ce que tout le monde parle d'elle ! Mais pourquoi l'appelle-t-on, Béatrice du Kongo, tout comme si l'on disait *reine du Kongo* ? Un grain d'ambition ?

Le roi. — Je ne sais. Son influence sans cesse grandissante, à ce qu'on dit, dispute la place à l'actualité politique du royaume, et...

Le valet *(introduisant Vita)*. — Dona Béatrice du Kongo Tchimpa-Vita !

Elle fait un pas et reste figée dans une attitude respectueuse.

Le roi *(à la reine mère)*. — Veuillez, reine mère, l'introduire !

La reine mère *(s'avançant vers Vita, l'embrasse en lui prenant la main)*. — Venez, ma fille !

Le roi *(sans se lever)*. — Je vous accueille avec

tous les honneurs dus à tout visiteur de marque, et soyez la bienvenue !

En réponse, Vita fléchit le genou.

Vita *(qui reste debout, sans doute le roi, distrait, semble-t-il, ne l'a pas invitée à s'asseoir).* — Je salue Sa Majesté que je remercie grandement d'avoir bien voulu agréer ma visite, tout en la priant d'excuser la liberté que j'ai prise de venir interrompre le cours de ses augustes occupations. Mais je me devais de lui rendre cette visite, et je remercie aussi la reine mère d'être présente.

La reine mère. — On parle beaucoup de vous. À quoi attribuez-vous cela ?

Le roi. — Oui, je crois savoir à quoi vous avez résolu de vous employer. Je voudrais toutefois que vous me précisiez les objectifs, et je suis tout naturellement porté à croire que c'est cela qui me vaut l'honneur de votre visite.

Vita. — N'eut pas été cela, pourquoi serais-je venue, tandis que l'exercice de votre haute charge a été rendu plus complexe encore par la guerre civile et ses conséquences ? Seigneur, avant toute chose, je voudrais que vous soyez fixé sur mon cas, afin que vous saisissiez le sens véritable de l'action que je mène. C'est une mission affreusement terrible, et son issue est un secret connu des dieux seuls. Mais ma conscience serait-elle plus éveillée que celle de mes compatriotes devant le drame qui détruit notre société ? Mes seuls sentiments patriotiques me feraient-ils agir plus que tout autre ? Dans l'une ou l'autre hypothèse, je ne pense pas, car je sens en moi comme une force invincible descendue du ciel, et qui m'entraîne irrésistiblement dans une action pour la restauration du royaume. En d'autres temps, on croirait à de la présomption de ma part. Il n'en est rien. Il est vrai que les faits sont là, sous nos yeux, des faits qui révoltent, et devant lesquels aucun Kongolais ne saurait rester indifférent. Mais pourquoi est-ce moi, pauvre jeune fille, qui doit conduire tout un peuple dans une lutte de libération ? Je n'agis pas selon ma volonté, et ce que je fais m'étonne et me surprend moi-même. Je dis qu'il y a là tous les signes du mystère. Ainsi, je parle et j'agis malgré moi.

Le roi. — Pardon ! Je ne vous interromps pas, mais je voudrais une précision : quelle forme doit prendre l'action de restauration ?

Vita. — Je ne prétendrais point connaître ni plus

ni mieux que mon roi l'histoire de notre pays qui, depuis trois siècles déjà, est devenu une proie portugaise. L'influence étrangère qui s'y exerce, depuis lors, ne pouvait ne pas conduire à la situation que nous connaissons aujourd'hui. Les Portugais s'ingèrent dans la vie politique du pays, en cherchant par tous les moyens à orienter jusqu'au choix de nos rois, soutenant seuls ceux qui seraient à leur dévotion. Les mêmes Portugais, je veux dire les capucins dont la religion est truffée de contradictions, divisent notre peuple. À l'heure, même où je vous parle, Seigneur, n'êtes-vous pas deux rois de Kongo, au même trône et en même temps, vous d'un côté, avec résidence sur ce mont Kibangou, et, de l'autre côté, Jean II à Boula-dia-Lemba, deux frères rivaux dont l'opposition est voulue, souhaitée, exploitée et soutenue par les capucins ? Mais il y a plus inquiétant : il semble que les ancêtres, dans leur indignation devant cet état de choses, frappent le royaume de mille épreuves, les unes plus terribles que les autres ! Et l'Église chrétienne, contrairement à sa vocation, reste indifférente pour ne pas signifier qu'elle est insensible, devant tant de calamités ! Aussi, l'opinion publique kongolaise est-elle consciente du fait que si le roi du Portugal était aussi chrétien qu'on le dit, il aurait pris des mesures pour empêcher l'ingérence, arrêter la traite, et ramener le calme et l'ordre dans le pays. Que faire devant cette décadence ?

Il faut répondre à cette question, mais comment ? Nous redonner confiance en nous-mêmes, travailler à l'éveil de la conscience nationale, organiser la restauration du royaume, sauvegarder l'autorité et l'honneur du roi, reconquérir la liberté bafouée, recouvrer l'unité, l'indépendance et la paix ! Mais comprenez bien, Seigneur, que tout cela signifie qu'il faut chasser l'étranger dont la présence est compromettante.

Tels sont les mobiles de l'action de restauration. Mais il va sans dire que je ne peux mener à bien cette action sans votre approbation, et je ne suis, vous ai-je dit, qu'une pauvre fille !

Vita termine son exposé, mais fond en larmes.

– Mais où sont et que font les hommes ?

La reine mère *(visiblement émue, embrasse Vita).* — Remettez-vous, ma fille, remettez-vous ! ... Nous autres femmes, que nous soyons ménagères, reines ou héroïnes, sommes naturellement sensibles. Mais quand les circonstances l'exigent, nous égalons les hommes !

Le roi. — Jeune fille, je vous approuve ! Mais quelle doit être la part du roi dans cette action ?

Vita. — Que, dans l'immédiat, vous quittiez le mont Kibangou pour redescendre à Mbanza-Kongo avec votre peuple !

Le roi. — Je veux bien, mais Mbanza-Kongo est en proie aux flammes de la guerre !

Vita. — Le mouvement de restauration y a établi le calme. Une capitale au visage nouveau se construit sur les ruines de l'ancienne. Enfin, c'est tout le peuple qui réclame le retour de son roi, car, hors de Mbanza-Kongo, vous êtes sans autorité, et la porte reste grande ouverte à toutes les ambitions par la complicité des étrangers ! Mais, afin que cette autorité soit souveraine, il vous faut prendre vos distances vis-à-vis des capucins, car à cause de leur influence néfaste, tout se passe comme si le Kongo devait être un deuxième Portugal !

Le roi. — Je vous crois, mais j'aurais encore besoin, pour un temps tout au moins, de l'assistance portugaise, sans laquelle mes adversaires n'auraient de cesse de me harceler. C'est là, je l'avoue, mon point faible. J'ouvrirais la voie des intrigues, et mes partisans même se détourneraient bien vite de moi, en faveur de Jean II ou de tout autre ambitieux. Antonio s'est perdu en voulant limiter l'influence portugaise. Et je suis encore jeune ! Que c'est triste d'être une toupie pour pouvoir se maintenir !

Vita. — Le soutien populaire est bien plus fort que tout, je vous en réponds, Seigneur ! Grâce au mouvement populaire de restauration, régnez seul en monarque absolu. Et, votre caractère aidant, qu'il se fait dans le royaume une politique, mais qui est la vôtre !

La reine mère. — Écoute, Pedro, cette jeune fille. Admire aussi son courage et son sens patriotique. Elle te dit là des choses qui, à coup sûr, éprouveront ton caractère, mais, sans rien brusquer, réfléchis-y !

Le roi *(le regard lointain)*. — Oui... Oui... Oui...

À Vita.

— Retournez à Mbanza-Kongo poursuivre votre action. Informez de mon soutien total vos partisans que je salue à travers vous. Demain, je réunis mon conseil.

Vita fléchit le genou et se retire.

Tableau IX

Quatre partisans de Tchimpa Vita.

Premier partisan. — Afin de mieux comprendre l'action entreprise par Tchimpa Vita, nous avons besoin de faire un recul dans le temps, en nous laissant guider par les dates, car les dates seules font l'histoire. Elles jalonnent les évènements et l'avenir se charge du reste. Mais elles ne les marquent pas tous d'une pierre blanche !

Deuxième partisan. — Cela est vrai. Deux dates sont à l'origine du sort qu'a subi notre pays dont elles ont infléchi le cours du destin. Un aventurier que n'effraie pas la haute mer quitte sa patrie des confins de l'empire de l'Occident pour voguer, rêve insensé ! Vers les terres lointaines australes...

Troisième partisan. — Allait-il à la conquête de ce fameux cap qu'un certain Vasco de Gama baptisa : de *Bonne espérance* ?

Premier partisan. — Pourquoi pas de *Désespérance* ?

Troisième partisan. — Je ne saurais le dire. Mais on pense que l'embouchure du grand *Nzadi* émerveilla Diego Cao à telle enseigne qu'il renonça à poursuivre sa folle aventure vers le Sud de notre continent. C'était en l'année de disgrâce 1482 ! Et voilà Diego Cao, intrus impénitent, qui se met à recruter des porteurs et des indicateurs en foule !

Quatrième partisan. — Ce Diego sollicita les faveurs et l'amitié — hum ! — du souverain de Kongo. Celui-ci ne les lui marchanda pas, mais il dut bientôt se rendre à l'évidence et regretter son geste hospitalier, propre naturellement à nos mœurs. Car, non content d'être cupide et rapace, l'étranger venait en conquérant. L'avenir du pays était, à partir de là, mal assuré et voué aux ténèbres !

Premier partisan. — Cela, paraît-il, c'est de l'Histoire !

Deuxième partisan. — Mais il est pénible de la raconter, dans ces conditions-là !

Troisième partisan. — Plus pénible, encore de l'avoir vécue !

Premier partisan. — Ce n'est pas tout : moins de dix ans après Diego Cao, ou plus exactement à sa suite, la route maritime qui mène au grand Nzadi est sillonnée par des cohortes et des hordes lusitaniennes qui comprennent des éléments de basse condition, sans vertus humaines, pour la plupart...

Deuxième partisan. — Avec des prétentions de venir nous civiliser !

Troisième partisan. — Non ! La vérité est tout autre. Le pays Kongo devint partout un immense et gigantesque chantier bruyant. Car, la terre nouvellement découverte…

Quatrième partisan. — Pardon ! Nouvellement conquise !

Troisième partisan. — Oui, la terre nouvellement conquise était, selon eux, toute vierge !

Deuxième partisan. — Il fallait donc bâtir villes et usines...

Premier partisan. — Édifier catéchuménats, églises et séminaires...

Troisième partisan. — Éventrer le sous-sol qui recelait en son sein, Dieu merci !, des mines fabuleuses de toutes sortes...

Quatrième partisan. — Des matières précieuses...

Troisième partisan. — Et inépuisables, par-dessus le marché !

Premier partisan. — Passe encore cela. Car aux yeux des nouveaux venus...

Deuxième partisan. — Pardon ! Des envahisseurs, usurpateurs !

Premier partisan. — Oui, aux yeux des envahisseurs, usurpateurs, nos traditions sont trouvées barbares !

Deuxième partisan. — Il nous fallait donc y renoncer !

Troisième partisan. — À commencer par bafouer l'autorité de nos chefs !

Quatrième partisan. — À tourner le dos à nos croyances séculaires. Notre Nzambi-A-Mpungu cessait d'être le Dieu Créateur de l'univers. Il en existait un autre de beaucoup supérieur, le vrai et le seul digne d'être adoré !

Premier partisan. — Notre culte des morts, notre croyance en la toute-puissance des ancêtres et des forces de la nature, notre vie qui n'a de sens, qu'en son étroite union avec elles, notre esprit communautaire, tout cela n'était plus que sauvagerie !

Deuxième partisan. — Des pièces dignes de musées !

Troisième partisan. — Nos fétiches étaient à brûler !

Quatrième partisan. — Passe encore. Notre pharmacopée dut céder devant la facture de leurs charlatans, pour la plupart !

Premier partisan. — Bref. Le soleil devait dorénavant se lever à l'occident !

Deuxième partisan. — Car, il n'y avait rien, de bon et de mieux, qu'en Occident !

Troisième partisan. — Le reste, professaient-ils, n'était que *vérité, en deçà des Pyrénées* ;

Quatrième partisan. — Alors, devait se produire l'irréparable qui survint en 1491 !

Premier partisan. — Oui, les dates font seules l'Histoire. Elles jalonnent les évènements dont l'avenir se charge du reste. Mais elles ne les marquent pas tous d'une pierre blanche ! Cette année-là donc, le souverain Kongo se laissa prendre au charme trompeur : devant le kaléidoscope des mille et une vertus du christianisme, il proclame sa volonté d'être baptisé !

Deuxième partisan. — Année de malheur !

Premier partisan. — Oui, à la suite de quoi, des calamités de toutes sortes frappent le pays de Kongo, car les ancêtres reniés, trahis et offensés sont irrités et, dans leur courroux indigné, châtient tout un chacun ! Partout règne en maître le spectre de la mort. La panique s'empare de tous les esprits, et partout, c'est la désolation. Mais passe aussi cela. Car, ceux qui meurent sur leur propre sol...

Quatrième partisan. — Et jouissent de l'ultime hommage aux morts !

Premier partisan. — Mais la grande plaie de ces

siècles obscurs, c'est la pratique inhumaine, effrénée et éhontée de la traite négrière : hommes, femmes et enfants sont partout traqués ! Ils sont déportés en Amérique, employés comme des bêtes de somme, aux plantations de canne à sucre. Face à ce douloureux drame, les missions chrétiennes ne restent pas seulement muettes. Elles autorisent, bénissent et pratiquent même cet odieux trafic !

Deuxième partisan. — Et contre les atrocités de toutes sortes, aucune réaction chrétienne, en faveur de l'humanité souffrante !

Troisième partisan. — Une indifférence totale devant *l'image d'une mère qui remarque que son maître veut vendre son fils à un traitant. Prise de désespoir, elle lance avec force son enfant contre un rocher, arrache une lance de la main d'un homme et avec force la plante contre sa poitrine !*

Quatrième partisan. — La même insensibilité devant cette autre image de ce papa *dont l'enfant, un jeune garçon de dix ans, a été capturé, dont la femme venue pour délivrer son fils est arrêtée et faite esclave. L'homme en pleurs vient réclamer son fils et sa femme. Pour toute réponse, on le marque au fer rouge du signe des esclaves. Le malheureux prenant* *un clou l'enfonce à coups de pierre dans son cœur et s'affaisse !*

Tous. — Plutôt que d'être humilié !

Premier partisan. — On comprend qu'une immense clameur monte de tous les cœurs meurtris qui appellent un libérateur !

Deuxième partisan. — Viendra-t-il ?

Troisième partisan. — Ne viendra-t-il pas ?

Quatrième partisan. — Dona-Beatrice-du-Kongo-Tchimpa-Vita s'est manifestée !

Tableau X

Pedro IV et les deux prêtres portugais.

Le roi. — À vous parler franchement, je ne vois pas très bien le motif de votre hargne contre cette jeune femme.

Le premier prêtre. — C'est possible, mais n'est-ce pas précisément parce que la finesse de son esprit vous échappe ?

Le deuxième prêtre. — En effet, Majesté, pire qu'une fine mouche, c'est une punaise !

Le roi. — Je l'ai reçu une fois en audience, mais elle ne m'a nullement donné une telle impression. Son parler trahit seulement son nationalisme.

Le premier prêtre. — Et voilà qui constituerait, à la longue, un grand danger pour Sa Majesté !

Le deuxième prêtre. — Et quand elle parle, c'est avec un ton qui défierait le vôtre !

Le premier prêtre. — Et les mots ne lui manquent pas pour dire ce qu'elle a à affirmer !

Le deuxième prêtre. — Et quelle morgue elle affiche à l'égard des étrangers !

Le premier prêtre. — Cela lui vaut d'exercer de plus en plus d'influence dans le royaume !

Le deuxième prêtre. — Et l'on parle même plus d'elle que de vous !

Le roi. — C'est exact. Mais tout ce qu'elle dit ou tout ce qu'elle fait, c'est avec mon entière approbation. En outre, le même peuple qui l'écoute n'est pas contre le roi que je suis. En somme, elle est en train de sonner le réveil de la conscience nationale plus ou moins perdue. Bien qu'elle soit femme et jeune encore, elle peut atteindre son but, soutenue par mon peuple.

Le premier prêtre. — Encore faut-il que ce même peuple ait assez d'intelligence pour pénétrer ses véritables intentions !

Le roi. — Il me semble qu'elle les exprime assez clairement.

Le deuxième prêtre. — Supposons ! Je ferai seulement remarquer à Sa Majesté que le cas de cette jeune femme nous laisserait bien indifférents si, curieusement, elle ne nous prenait à partie sur notre propre terrain de la religion que nous avons apportée ici.

Le premier prêtre. — Quel scandale !

Le deuxième prêtre. — Avant que nous apportions la Bible ici, en avait-elle lu un traître mot ? Mais voilà qu'elle lance des invectives contre notre enseignement religieux ! Pour qui voudrait-elle se prendre ?

Le premier prêtre. — Il y a pire : elle a le toupet de s'en prendre même à Sa Sainteté le pape !

Le roi. — Ne la condamnez pas si parfois elle se plaint de Sa Sainteté le pape. Il est vrai que le Pape se retranche derrière son principe dit de *neutralité politique* en ce qui concerne les affaires de mon royaume. Mais il n'est pas moins vrai que l'Église serait pour une large part responsable de la situation critique

que nous connaissons actuellement. Le Pape a même rompu la tradition selon laquelle il adressait des bulles aux rois Kongo, lors de leur couronnement. Ces bulles pontificales étaient considérées comme étant la consécration de la légitimité des souverains de Kongo. Il est vrai aussi que pour régner, je n'ai pas besoin de l'intervention du pape. J'adopte donc ici l'attitude de la jeune femme qui voudrait un enseignement religieux tenant compte des réalités kongolaises, de notre personnalité, de nos us et coutumes. D'autre part, si cette jeune femme vit réellement sa foi chrétienne, peut-elle comprendre que des gens d'Église tolèrent et pratiquent même la traite ? Cette contradiction ne peut pas ne pas choquer.

Le deuxième prêtre. — Mais, Votre Majesté ! Nous donnons bien le baptême aux esclaves !

Le premier prêtre. — Il me semble que nous nous écartons de notre propos : la jeune femme en question, en s'attaquant à l'Église dont l'influence est grande dans ce pays, veut divertir les esprits, et se donner par là même l'occasion de combattre dans le royaume, la présence portugaise en général. Or...

Le deuxième prêtre. — C'est le but véritable auquel elle est tout entière tendue !

Le premier prêtre. — Or, imaginez un instant que tous les Portugais établis au Kongo depuis environ trois siècles plient bagage, que deviendrait votre situation dans le royaume, seul, face à vos adversaires politiques ?

Le deuxième prêtre. — Et les rumeurs circulent : que même votre protégée ou tout au moins celle que vous semblez défendre, est aussi bien reçue en audience par vous que par Jean II qui règne à Boula, et dont on sait qu'il veut régler le problème de la succession au trône par la force des armes !

Le premier prêtre. — Que Sa Majesté se rappelle aussi que ce Jean II est le frère de Pedro III qui a déjà livré la capitale aux flammes ! On peut aisément voir vers quel cap périlleux conduira l'action de cette jeune ambitieuse et intrigante qui fait la navette entre le mont Kibangou et Boula-dia-Lemba !

Le roi. — Êtes-vous sûr de ce que vous dites ?

Le deuxième prêtre. — J'en réponds.

Le roi. — Mais il faut qu'elle soit folle pour

venir m'entretenir d'autre chose, et vouloir imposer Jean II au royaume, car la légitimité, c'est moi qui l'incarne et la détiens !

Le premier prêtre. — Folle, elle l'est assurément. Mais elle a conscience tout de même que Jean II possède un avantage sur vous : il garde par-devers soi, *précieusement et jalousement*, dit-on, les insignes royaux qui renferment des bulles pontificales adressées autrefois par le Pape à N'Zinga-N'kuwu, insignes considérés comme étant le symbole de la royauté, et non de la légitimité !

Le deuxième prêtre. — Par ailleurs, la prétendue héroïne jouit de la bienveillance de l'ancien duc de Wanda, Dom Pedro Constantine, votre neveu plus connu sous le nom de Kibenga, autrement dit *Le Brillant*, homme vaillant et éprouvé dans les armes. Or, bien que votre propre neveu, et malgré votre curieux mariage avec sa nièce, le même Kibenga vous affiche son mécontentement ces derniers temps surtout, car il vous traite d'usurpateur.

Le roi. — Mais mon alliance avec la princesse Mpanzou n'a rien de curieux, si l'on tient compte de la situation chaotique qui prévaut dans le royaume. Il est vrai qu'en temps normal, cette union avec la nièce de mon neveu aurait été coupable d'inceste et donc impossible, au regard de nos mœurs. Mais pour des raisons politiques évidentes, et afin d'associer au gouvernement du royaume les deux maisons princières toujours rivales, je n'ai pas trouvé d'autre moyen plus salutaire pour tenter de mettre fin à la discorde. Ne dit-on pas non plus que la fin justifie les moyens ? Et la tradition serait-elle si rigoureuse qu'on ne puisse y déroger ?

Le premier prêtre. — Oui, et malgré tout, ce mariage semble avoir plutôt donné une preuve de votre faiblesse à gouverner seul, et il a convaincu Kibenga de ses droits légitimes. On peut donc craindre qu'avec l'influence de la folle pucelle de votre neveu qui a aussi ses ambitions au trône, elle ne soutienne Jean II et ne porte ses armes contre vous.

Le deuxième prêtre. — Et la jeune folle vous aura depuis longtemps abandonné, car Jean II gardant toujours les bulles pontificales, elle prendra le parti de Kibenga en entraînant le peuple avec elle et contre vous, car pour elle, le roi légitime aura été Jean II !

Le roi. — Je dois rêver !

Le premier prêtre. — Mais non ! Voyez vous-même : malgré tous vos efforts, entre autres ce fameux mariage, que se passe-t-il en réalité entre vous et votre neveu ?

Le roi. — Oui, c'est un triste fait que, malgré tout, Kibenga prend de plus en plus ses distances. Ai-je épargné un seul effort pour solliciter sa collaboration ? J'ai même pensé que pour relever Mbanza-Kongo de ses ruines, Kibenga m'était indispensable. À cette fin, je lui ai confié une mission d'enquête dans la capitale, aux fins de prendre la température de l'opinion publique, à mon sujet et à celui de celle qui est l'objet de notre entretien. Mais il m'a été rapporté, quoique je n'en aie pas voulu croire un seul mot, que Kibenga en a profité à ses fins personnelles ! Il convoite le trône, lui aussi !

Le deuxième prêtre. — Mais il ne convoite pas seulement, il vous traite d'usurpateur !

Le roi. — Moi, usurpateur ? En un sens, oui, mais cela serait vrai il y a trois siècles. Je m'explique : bien qu'étant du juste milieu, pour appartenir à la fois aux deux branches royales, je ne suis prince que du côté de mon père. De ce fait, l'accès au trône m'est interdit, selon une vieille conception traditionnelle de l'hérédité du pouvoir basée sur le matriarcat. Je dis et je répète que les choses étaient ainsi, il y a trois siècles. Mais à présent compte tenu d'une part de l'incapacité notoire, des princes, prétendus héritiers légitimes à s'adapter au rythme, aux progrès des temps nouveaux ; d'autre part, des changements intervenus dans le pays, la légitimité, entre les deux branches royales, cesse désormais de n'être plus que d'un seul côté. Et tant mieux pour la santé, pour la prospérité et la survie du royaume !

Alors s'il existe encore des esprits chagrins et nostalgiques incurables, je leur appliquerai la loi de la jungle, celle qui prime le droit ! Mon conseil en délibérera demain.

Le premier prêtre. — Comptez sur nous, car il y va de nos intérêts !

Le deuxième prêtre. — Mais non sans nous autoriser à pouvoir mettre la main sur la prophétesse des malheurs !

Le premier prêtre. — Oui, aux fins de la soumettre à une interrogation sur ses vraies intentions...

Le deuxième prêtre. — Et le cas échéant, l'amener à renoncer à la poursuite de son action néfaste et compromettante pour le royaume !

Le roi. — En principe, je ne devrais pas autoriser l'arrestation. Nos usages m'interdisent une telle mesure. Mais si l'interrogatoire devait permettre de révéler ou de confirmer des faits susceptibles de me placer dans une impasse, eh bien... j'y consens !

Tableau XI

L'interrogatoire : les deux prêtres portugais, Tchimpa Vita.

Le premier prêtre. — Nous sommes ici pour vous entendre. Je vous préviens tout de suite qu'il est inutile de vous dissiper : il y va de votre propre intérêt, pire, de votre vie, car vous voyez vous-même dans quelle situation vous avez mis le pays. Le peuple ne se soumet plus aux règles établies. La guerre civile fait rage. Le roi sent son royaume lui échapper chaque jour davantage. C'est vous que tout le monde adore, et tout le monde ne jure plus que par vous. Qui êtes-vous ?

Le deuxième prêtre. — Oui, vous prêchez la rébellion. Vous soulevez des foules enthousiastes que vous dressez contre les Blancs. Les mots clés de toutes vos agitations s'appellent nationalisme, indépendance, liberté, à cause desquels vous semez partout l'anarchie. Vous dénigrez l'action et l'œuvre des missionnaires. Vous semblez ignorer qu'il y a un roi et son auguste conseil. Bref, on se demande si vous êtes encore maîtresse de tous vos sens ! Mais, répondez-nous.

Le premier prêtre. — Comment vous appelle-t-on ?

Vita. — Tchimpa et Vita

Le deuxième prêtre. — Croyez-vous à un mythe quelconque, au sujet de vos noms, qui vous aurait prédestiné à accomplir de hauts faits, et aurait fait de vous une femme exceptionnelle ?

Vita. — Je ne sais pas ce que cela veut dire.

Le premier prêtre. — Mais puisque vous prétendez être une héroïne ?

Le deuxième prêtre. — Une nationaliste, une libératrice, une restauratrice ?

Vita. — Loin de moi, toute présomption, les mots disent bien ce qu'ils veulent dire.

Le premier prêtre. — Mais qu'avez-vous à libérer et à restaurer ?

Vita. — À ma place, le roi répondrait mieux à votre question.

Le deuxième prêtre. — Oui, le roi dirait sans ambages que le royaume se porte bien.

Le premier prêtre. — Voilà pourquoi vous ne voulez pas répondre à la question ! Mais quel âge avez-vous ?

Vita. — J'ai vingt-deux saisons.

Le deuxième prêtre. — Que font vos parents ?

Vita. — Ils cultivent la terre dont ils sont grands propriétaires.

Le premier prêtre. — Pourquoi dites-vous, *grands propriétaires ?*

Vita. — La terre est à eux ; ils appartiennent à une grande famille.

Le deuxième prêtre. — Vous semblez vous enorgueillir ?

Vita. — N'est-ce pas naturel ?

Le premier prêtre. — Et vous-même, que faites-vous ?

Vita. — Que font, d'ordinaire, les jeunes filles de mon âge ?

Le deuxième prêtre. — C'est nous qui posons les questions. Contentez-vous d'y répondre.

Vita. — Jusqu'à présent, j'ai aidé maman à faire le ménage et à cultiver les champs.

Le premier prêtre. — Pourquoi dites-vous *jusqu'à présent* ?

Vita. — Parce que, à la suite d'un événement qui s'est produit en moi, j'ai dû, malgré moi, quitter mes parents.

Le deuxième prêtre. — Pourquoi *malgré vous* ?

Vita. — Souffririez-vous que je vous raconte les choses telles qu'elles sont ?

Les deux prêtres. — Racontez !

Vita. — Eh bien ! *L'événement arriva ainsi :*

étant malade, et au moment de mourir, un prêtre habillé comme vous m'apparut. Il me dit être saint Antoine, envoyé par Dieu dans ma tête pour...

Les deux prêtres. — C'est de l'imposture !

Vita. — Si vous commencez par m'interrompre, comment pouvez-vous connaître la vérité ? Je ne peux pas vous dire autre chose que ce que j'ai vu ou vécu.

Le premier prêtre. — Mais, tout de même, que vient faire saint Antoine dans votre tête ?

Vita. — Vous l'auriez déjà su sans votre interruption !

Le deuxième prêtre. — Alors, votre saint Antoine était-il kongolais ?

Vita. — Au catéchisme, on m'a appris qu'il n'en existait qu'un seul, du moins celui qui m'est apparu, et tous les Saints sont blancs !

Les deux prêtres surpris se regardent. Silence embarrassé.

Le premier prêtre. — En quelle langue vous parlait-il ?

Vita. — Je ne suis pas portugaise, jusqu'à preuve du contraire.

Nouvel embarras.

Le deuxième prêtre. — Revenez à votre récit.

Vita. — *... Saint Antoine envoyé par Dieu dans ma tête pour prêcher au peuple...*

Le premier prêtre *(interrompant)*. — Prêcher quoi ?

Vita. —*... La religion chrétienne telle qu'elle devrait être enseignée et vécue !*

Les deux prêtres. — Schismatique !

Le deuxième prêtre. — Mais quoi encore ?

Vita. — *... et avancer la restauration...*

Le premier prêtre. — ... de l'Église ?

Vita. — Oui, et...

Le deuxième prêtre. — Hérétique !

Le premier prêtre. — ... et hérésiarque !

Les deux prêtres. – Lapse et relapse !

Vita. — *... et avancer la restauration du royaume.*

Le deuxième prêtre. — Qu'est-ce qui ne va pas dans le royaume qu'il faut restaurer ?

Vita. — Je crois que c'est l'explication à l'intervention de saint Antoine.

Le premier prêtre. — Mais, pourquoi saint Antoine plutôt qu'une Sainte, alors que vous êtes une femme ?

Vita *(haussant les épaules)*. — Je ne sais pas, c'est comme ça, c'est lui que j'ai vu. Et puis, je ne sais pas si les esprits ont des sexes. Mais vous savez pourtant, pour nous l'avoir enseigné, de qui saint Antoine est le patron, et il a toute une légende. Tenez, le royaume de Kongo, depuis trois siècles, et dans sa situation actuelle surtout, peut être comparé à un navire à la dérive, prêt à faire naufrage ! Ou encore, les calamités qui éprouvent durement le peuple kongolais font de nous tous comme des épaves, des objets perdus ! Mais permettez que je ne vous raconte pas la suite de l'événement.

Les deux prêtres. — Mieux vaut.

Le deuxième prêtre. — Mais, au fait, êtes-vous chrétienne ?

Vita. — Puisque j'ai comme prénom Beatrice.

Le premier prêtre. — Cela ne veut absolument rien dire. Porter un nom de baptême et vivre sans foi chrétienne en conformité avec les préceptes de l'Église, c'est autant dire la différence qu'il y a entre le jour et la nuit !

Le deuxième prêtre. — Car, si vous étiez réellement chrétienne, une chrétienne soumise, j'entends, comme tous les chrétiens, comment expliquez-vous votre attitude irrévérencieuse envers l'Église ?

Vita. — Plutôt envers certaines gens de l'Église, les imposteurs, ceux qui, par exemple, ont appris la parabole du bon Samaritain et prêchent l'amour du prochain, mais pratiquent en même temps la traite des Noirs ! C'est différent.

Le premier prêtre. — Et n'est-ce pas un sacrilège de mal parler de Sa Sainteté le pape ?

Vita. — Veuille me pardonner, Sa Sainteté le pape, si des fois j'ai tenu des propos bien amers à son sujet. Que peut-il voir et savoir de ce qui se passe ici depuis sa Rome lointaine ?

Le deuxième prêtre. — Mais que représente ici Son Excellence Monseigneur l'Archevêque de Luanda, Préfet Apostolique ?

Vita. — Dieu me garde du péché des préjugés ! À chacun sa conscience !

Le premier prêtre. — Qu'est pour vous le nommé Balou qui s'est fait appeler Saint-Jean ?

Vita. — C'est l'un de mes ardents partisans du mouvement de restauration du royaume.

Le deuxième prêtre. — Dites plutôt votre *Prince charmant !*

Le premier prêtre. — Car, tout en prétendant, être une Sainte comment vous est venu le bébé que vous allaitez en ce moment ?

Vita. — Jamais je n'ai dit que j'étais une Sainte. Quant au bébé, *je ne puis pas nier qu'il soit le mien, mais comment je l'ai eu, je ne le sais pas ? Je sais seulement qu'il m'est venu du ciel.*

Le deuxième prêtre. — C'est le bouquet !

Le premier prêtre. — Avec tous les parfums de la pure démence !

Le deuxième prêtre. — Changeons de terrain. Voyons, quels sont vos sentiments vis-à-vis du roi ?

Vita. — Que voulez-vous qu'ils soient ? C'est mon roi, c'est tout. Et les sentiments qu'on peut avoir naturellement ne s'expliquent pas. Par ailleurs, si j'étais contre mon roi, je n'aurais pas entrepris ce que vous me reprochez.

Le premier prêtre. — Expliquez-vous !

Vita. — Si, depuis un certain temps, je mène un vaste mouvement de libération nationale, c'est précisément pour aider le roi à régner souverainement, et le peuple kongolais...

Les deux prêtres. — Ar-rê-tez !...

Le deuxième prêtre. — Prétendriez-vous croire que votre roi ne soit sans intelligence ni sans caractère pour qu'il ait besoin d'une femme pour régner ?

Vita. — Ce n'est pas ce que j'ai voulu dire. Toujours est-il, que si la guerre civile, sévit ici et là, si la situation politique du royaume laisse à désirer, si les princes héritiers sont devenus des frères farouchement rivaux, faut-il en attribuer la faute au manque d'intelligence ou de personnalité du roi ?

Le premier prêtre. — Mais à quoi alors ?

Vita. — Vous le savez aussi bien que moi : à l'ingérence étrangère dans les affaires du royaume, et cette ingérence n'est pas sans entamer l'autorité royale. Ajoutez-y toutes les spéculations inimaginables, et tous les...

Les deux prêtres. — Taisez-vous ! Impertinente !

Le deuxième prêtre. — Si votre roi, comme vous dites, a pu être couronné en pleine crise politique, au milieu des troubles de la guerre, et s'il règne encore, c'est bien grâce à notre intervention et à notre protection !

Le premier prêtre. — Et votre royaume serait depuis longtemps parti en lambeaux sans notre présence dont vous sous-estimez tous les avantages !

Vita. — Peut-être. Mais vous avez votre idée fixe à propos de nos rois et de leur politique vis-à-vis de vous. Pourquoi n'avez-vous pas protégé le roi Antonio, ayant préféré le combattre ?

Le deuxième prêtre. — Voilà ! Il est maintenant clair que votre prétendu mouvement de libération travaille contre Pedro IV !

Vita *(avec véhémence)*. — Je ne l'ai pas dit.

Elle se couvre la figure avec ses deux mains, et elle sanglote.

— Ce sont vos suppositions que vous prenez pour des réalités, mais qui trahissent une crise de votre conscience !

Le premier prêtre. — Oui, la preuve est maintenant faite : vous n'êtes pas seulement une bigote, vous n'êtes pas seulement une anarchiste, vous n'êtes pas seulement une intrigante, vous êtes indigne de la vie, une pomme pourrie, une charogne à jeter aux pourceaux !

Vita *(s'étant ressaisie, et hautaine)*. — Oui, j'accepte tous ces éloges, et le mouvement de restauration du royaume ira de l'avant ! Même si je suis morte. Au reste, *que m'importe de mourir ! Mon corps n'est pas autre chose qu'un peu de terre. Je n'en fais aucun cas. Tôt ou tard, il sera réduit en cendres.* Mais le pays aura retrouvé sa liberté, son indépendance et sa souveraineté. Le dernier mot appartient au roi.

Tableau XII

L'exécution de Tchimpa-Vita-Beatrice du Kongo racontée par deux témoins, face au public.

Premier témoin. — Comme il a fallu s'y attendre, ce qui devait arriver est arrivé, ce triste dimanche du 2 juillet 1706. *Nous avons été là quand deux hommes ont paru, ayant en main des clochettes. Ces instruments ne servent qu'aux princes. On les frappe avec un bâtonnet et par leur son les gens comprennent fort bien ce qu'ils doivent faire. Ces deux hommes sont allés se placer au milieu d'une grande foule ; ils ont donné un signal, avec leurs clochettes, et aussitôt on a vu le peuple reculer, et au milieu de l'espace devenu vide s'est présenté un juge…*

Deuxième témoin. — *Le juge était recouvert jusqu'aux pieds d'un manteau noir et portait sur la tête un chapeau également noir, d'un noir si laid que je ne pense pas qu'on puisse en trouver ailleurs de cette laideur. Devant lui ont été amenés les coupables. La* *jeune femme qui portait son enfant sur les bras apparaissait maintenant remplie de crainte et d'épouvante. Les inculpés se sont assis sur la terre nue et ont attendu leur arrêt de mort. Nous avons compris à ce moment-là qu'ils ont décidé de brûler l'enfant avec sa mère. Cela nous a paru une trop grande cruauté...*

Premier témoin. — *Je me suis empressé de me rendre auprès du roi pour voir s'il n'y avait pas moyen de le sauver. Je suis bien vite arrivé au palais royal qui n'est qu'à peu de distance. Après être passé par beaucoup d'enclos, j'ai trouvé le roi entouré de ses conseillers et d'autres princes de la cour. Ils faisaient le serment d'obéissance. Quelques-uns étaient étendus à terre comme des morts, tous recouverts de poussière de sorte qu'ils ressemblaient à des animaux. Ils recevaient à ce moment quelque faveur du roi. D'autres étaient à genoux, d'autres encore se trouvaient assis sur le sol. Le roi était debout sous une ombrelle et s'adressait à ceux qui étaient couchés à terre. Je me suis arrêté pour ne pas l'interrompre. Mais son discours traînant en longueur, dominée par la crainte que l'enfant ne soit livré aux flammes, je me suis hardiment avancé, et m'approchant du roi, je lui ai dit : Votre Altesse me pardonne si j'interromps son discours. L'affaire qui m'amène ne souffre pas de* *délai. N'attribuez pas à la présomption, la liberté que je prends de paraître ici, quand Votre Altesse s'occupe des affaires du royaume. Je suis venu vous demander une grâce qui n'est autre que la vie d'un enfant innocent, c'est-à-dire du fils de Tchimpa-Vita-Dona-Béatrice du Kongo. J'ai appris qu'il doit être brûlé avec sa mère. Il ne me paraît pas raisonnable qu'un enfant innocent encoure une peine pour un délit qu'il n'a pas commis. Ce serait une cruauté trop grande. Le roi m'a répondu : Quel fruit produira une plante pourrie et pleine d'infections ? Si, ailleurs, naissait un enfant d'un hérétique ou d'un juif de mœurs scélérates, il serait condamné. On lit souvent dans les livres d'Histoire, ai-je ajouté, que les crimes des parents ne furent pas imputés à leurs enfants quand ils n'étaient pas coupables eux-mêmes. J'accorde la vie, dit le roi, au fils de cette trompeuse. J'ai remercié le roi pour la vie accordée à l'enfant, et je suis retourné tout content et en hâte sur la place où j'ai averti la foule que l'enfant ne subirait pas la mort. Nous l'avons pris des bras de sa mère qui a manifesté quelque opposition, mais nous avons pu la consoler en l'assurant que son enfant vivrait et qu'elle n'avait rien à craindre...*

Deuxième témoin. — *Le juge a fait un long discours. Le principal thème en a été l'éloge du roi.*

Il a énuméré ses titres et a énoncé les preuves de son zèle pour la justice. Il a prononcé finalement la sentence contre Tchimpa-Vita-Dona-Béatrice du Kongo, disant qu'elle avait trompé le peuple par ses hérésies et ses faussetés. En conséquence, le roi, son seigneur, et le royal conseil l'ont condamnée à mourir sur le bûcher. Immédiatement saisie, elle a été emmenée vers le bûcher. Il s'est produit un si grand tumulte parmi la foule qu'il n'y a pas eu moyen pour nous de prêter quelque assistance à la jeune femme. Il nous a été impossible de la suivre et d'assister à sa mort. Tout ce que nous pouvons dire pour le reste, c'est qu'ils avaient amassé là un grand tas de bois, sur lequel Tchimpa-Vita-Dona-Beatrice du Kongo a été jetée ! Elle a été recouverte d'autres monceaux de bois, et elle a été brûlée vive ! (Une interprétation libre du récit du Père Laurent de Lucques.)

Tableau XIII

Épilogue. – Trois partisans de Tchimpa-Vita.

Premier partisan. — P comme Ponce Pilate !

Deuxième partisan. — P comme Pedro IV !

Troisième partisan. — P comme Peur !

Tous les trois. — Lâcheté ! Trahison !

Premier partisan. — Mais ce n'est malheureusement pas pour la première fois que l'Histoire, par la faute des hommes à l'esprit retors, condamne injustement, croyant naïvement faire taire la vérité !

Deuxième partisan. — Jésus, crucifié et mort, arrache un cri de culpabilité au centurion qui se jette et se prosterne au pied de la croix : nous avons tué un Dieu !

Troisième partisan. — Jeanne d'Arc : faussement

traitée de folle ; de lapse et relapse, doit mourir, sur le bûcher sur la place de Rouen. Mais moins de cinq siècles plus tard, son dossier est exhumé, et Jeanne d'Arc est portée sur tous les autels et sur toutes les places publiques : c'était une Sainte et... Héroïne nationale !

Premier partisan. — Ainsi, chercherait-on en vain, aujourd'hui, la populace qui a jeté Tchimpa Vita sur le bûcher de Kilombo !

Deuxième partisan. — Car, comment expliquer et comprendre, la fougue populaire impossible à endiguer, dirigée contre les juges et les bourreaux de Tchimpa-Vita ?

Troisième partisan. — Tchimpa-Vita brûlée vive, le royaume est divisé !

Premier partisan. — La reine Marie Mpanzou a mystérieusement disparu du palais de Pedro IV pour rejoindre son oncle Kibenga !

Deuxième partisan. — Le comte de Soyo est mort, assassiné !

Troisième partisan. — Mais savez-vous la dernière ?

Les deux autres *(visiblement intéressés).* — Non !

Troisième partisan. — Kilombo, la petite localité périphérique de Mbanza-Kongo, devient un lieu saint qui attire, de jour comme de nuit, des foules de pèlerins. À la place du bûcher de Tchimpa-Vita s'est creusé un puits profond au fond duquel brille une étoile !

(Silence recueilli... puis les pèlerins reprennent leur chant et leur défilé sur la scène)

> *L'héroïne nous appelle !*
> *Courons, courons vers elle !*
> *Elle a pour nom Tchimpa,*
> *La « Mystérieuse » !*
> *Mais aussi Vita*
> *La « Victorieuse » !*
> *Courons, courons vers elle !*
> *L'héroïne nous appelle !*
> *Courons à Kilombo*
> *Admirer son flambeau !*

Fin

Cet ouvrage a été réalisé
par les ateliers graphiques ACGI
pour le compte et sous la direction
de Benoist Saul Lhoni

© 2018 Benoist Saul Lhoni
Édition : Books on Demand
12/14 Rond-point des Champs-Élysées, 75008 Paris
Impression : BoD - Books on Demand, Norderstedt, Allemagne
ISBN : 9782322145669
Dépôt légal : août 2018